# Sevilla:

## Teoría y realidad de la Semana Santa

Antonio Núñez de Herrera

Sevilla Press

Sevilla: Teoría y realidad de la Semana Santa
Edición de bolsillo
Autor: Antonio Núñez de Herrera.
Editado por Ediciones Sevilla Press s.l.
Jesús del Gran Poder, 9. Sevilla. 41002.
Director editorial: Miguel Gallardo Rodríguez.
Portada: Cachorro de Triana.
Fotografías: Fernando Salazar y Ángel Bajuelo.
Maquetación: Juan Manuel Zarazaga y Liberis.
Imprenta: Liberis.
Distribución: Azeta
Isbn: 97884128639-0-1
Deposito legal: SE 1802-2024
Primera edición 1 de abril del 2025

# Prólogo

# Un libro olvidado.

Por Miguel Gallardo

'Teoría y realidad de la Semana Santa de Sevilla' es la única obra que nos dejó el poeta y periodista Antonio Núñez de Herrera que bautizó y fue uno de los miembros de la famosa Generación de poetas del 27, cuya foto institucional se tomó en el Excmo. Ateneo de Sevilla y de la que próximamente, en 2027, se celebrará su primer centenario.

El prematuro fallecimiento de Núñez Herrera en Monte Gordo (Portugal) en el año 1935 cuando tan solo contaba con 35 años, lo convirtió en uno de los poetas menos conocidos de esa brillante generación. Sus restos mortales continúan en su tumba de Vila Real de San Antonio donde fue enterrado. El periodista y poeta falleció mientras que en la frontera le eran requisada la penicilina a su hermano médico que no pudo llegar a tiempo para salvarle la vida.

El libro publicado por la revista Mediodía lo escribe en el año 1934, tan solo un año antes de su fallecimiento, y recoge la Semana Santa sevillana de la II República poco antes de la guerra civil española y desde un punto de vista republicano, de ahí su interés.

Hay que recordar que Sevilla en esa época vive un ambiente de enfrentamiento y discordia hasta el punto de que es en el año 1932 y 1933 las única Semana Santa de la historia en el siglo XXII en la que no sale a la calle ninguna cofradía, a excepción de La Estrella, que salió en 1932 y fue tiroteada por un republicano antes de entrar en su capilla, lo que le valió ser conocida desde entonces como 'La Valiente'.

Después en 2020 y 2021, ya en el siglo XXI se volvieron a vivir dos Semanas Santa en Sevilla sin procesiones en la calle por culpa del COVID.

Tras la Guerra Civil, está obra queda en el olvido hasta que en los inicios de la democracia José Luis Ortiz de Lanzagorta, profesor de Literatura de este editor hace 50 años en el COU intercolegial Santa Ana-Maristas-San José lo vuelve a publicar fruto de una casualidad. Siendo profesor de Literatura del Centro de Nuevas Profesiones de Periodismo en Sevilla y estando, explicando la Generación del 27 una alumna, Marga Rosa Morales, también amiga y miembro de la pandilla quinceañera de este periodista en Mairena del Aljarafe, le comentó que su abuelo pertenecía a esa Generación del 27. El profesor le preguntó sobre quién era su abuelo y, al decirle el nombre, se interesó en saber si tenía en su casa alguna obra de él. Eso permitió volver a editar este pequeño libro, el único que escribió y publicó Núñez de Herrera y que era guardado como recuerdo por su hija en una pequeña carpetita de cartón azul.

Ese fue el modo en que se recuperó esta obra que ahora volvemos a editar para introducirla en el nuevo mundo editorial con las tecnologías de este tiempo y con el fin de añadirla a la Colección Semana Santa de Sevilla que iniciamos con el libro 'Cómo llora Sevilla…', del sacerdote jesuita Ramón Cué.

En esta obra se desvela el complejo jeroglífico de la memoria sentimental de la ciudad, en esa época, con esos nazarenos que envolvían sus alpargatas en el último número de «El Socialista» y la Sevilla roja que olvidaba las teorías revolucionarias cuando se acercaba la Cuaresma, cuando El Gran Poder le ganaba la partida a Marx, porque «la muerte aquí no es más que una obra de arte», según escribió Eva Diaz Pérez en el diario ABC.

Por otra parte, hay que recordar que fue también José Luis Ortiz de Lanzagorta junto a sus alumnos de literatura de COU del curso 1973-74, entre los que me encontraba hace ya cincuenta años, quien publicó el primer libro biográfico sobre Luis Cernuda. Nacido en la calle Acetres de Sevilla y bautizado en la Parroquia del Divino Salvador, aquel grupo de inquietos estudiantes consiguió localizar unas cartas familiares inéditas del autor de "Ocnos". Fue por la amistad con su sobrino Yaguas Álvarez de Toledo, compañero de los Maristas.

**Miguel Gallardo Rodríguez**
**Periodista y editor de este libro.**

# Sevilla:

## Teoría y realidad de la Semana Santa

Antonio Núñez de Herrera

# Introducción al propósito de un libro

El hombre en el remolino

Un día entre los días el hombre descubrió el abismo de Sevilla: Entonces se sintió ensartado en las líneas de fuerza de su campo magnético, succionado en vértigo por la ciudad famosa, levantado al cono de su torbellino azul y sujeto a la girola de los sucesos y los días, que rondan su revolera en torno al mástil de la ilustre torre.

En verdad, quizás no era sino que el hombre hacía la rueda a la ciudad. Que le rayaba -gallo en celo nuevo- circuitos de conquista, circunferencias enamoradas que pretendían, acaso, inscribir para siempre el difícil polígono de la ciudad esquiva.

Mas Sevilla levantaba espejismos a la sed del alma, y se desmandaba en garbos fugitivos. Y el hombre daba vueltas y suspiros sobre la rama móvil del compás.

Caligrafía tenaz y apasionada

El hombre es perseverante. Años y años traza sus líneas. Quieren ser firmes, pero le tiembla el pulso cierta fiebre lírica.

Al paso de su ronda desfila el paisaje de Sevilla:

Ahora suenan clarines y cantares y restallan los corazones y los cirios. ¿Qué es esto? Una burbuja honda le bulle por el pecho y un carámbano de emoción ciñe su látigo al torso.

Ocurre que un pájaro mitológico bate por cielos y tierra. Un extraño pájaro morado que granjea estrellas y las siembra por las calles de la ciudad en largas corrientes de luces suspensivas.

Entonces sucede que un hombre se emborrache sin saber por qué o se ponga a escribir sobre Sevilla sin motivo ni fundamento.

Breve inciso de la formalidad
Pero ¿es posible emborracharse según cierto régimen y cálculo previstos?

-Tantos decilitros de alcohol y de cuarto en cuarto de hora...

No sé en efecto si existe quien haya sometido sus delirios a sistema, ni quien cronometre sus pasiones en cápsulas de tiempo de una capacidad determinada.

Sólo Don Juan, espíritu burocrático, ejemplo insigne de la seriedad. Don Juan únicamente, que volvía locas a las mujeres porque no lograban entenderle. No fue, en efecto, que las conquistara. Era que las desconcertaba. Nada más.

Un día para enamorarlas, otro para conseguirlas, otro para abandonarlas, dos para substituirlas, y una hora para olvidarlas.

Así se explicaba todo. Don Juan fue lo que fuera gracias al método y a la disciplina. Tenía sus horas. Ni gallardo ni calavera: un técnico. La avería final del apuesto norteamericano fue la de su reloj de arena.

Prótasis de las cosas razonables

Ante Sevilla, ¿qué actitud? ¿El doble decímetro y el cálculo integral? Es decir, ¿Don Juan Tenorio?

Todavía el hombre voltea en el remolino y fija la otra punta del compás. El querría, él bien quisiera...

Pero ¿es posible el perfecto silogismo de la ciudad? Mejor es soñar teorías. Porque quizás no habría sistema para entender la Semana Santa según una hermenéutica precisa, de acuerdo con determinado procedimiento empírico o por cierto método discursivo. Difícil sorites el que pretenda hacer pareja a las filas de nazarenos.

Y, sin embargo, ¡qué emocionada obra la de extraerle sus zumos secretos a la Semana Santa, la de explicarse el hombre esa misteriosa esencia que la salva de la espuerta general, que contiene la serie de los acontecimientos mostrencos, sin cédula ni estilo, denominados cosas razonables!

El remolino en el hombre

El hombre quería... Su compás, su amor, sus notas... Pero imposible trabajo el de trazar la historia funcional de la mudable mara villa. Y grave profanación –el auténtico sacrilegio-, delito insigne el de encristalar en los quirófanos de la lógica ese trozo virgen de la naturaleza, el de enjaular ese gran pájaro morado que cruza siete días el cielo de Sevilla. Mejor sería, quizás, seguir su vuelo de milagros: cuando aletea en las esquinas, cuando anida bajo los «pasos», cuando es el ruiseñor de las tabernas y la paloma de la Trinidad... Mejor eso que arrancarse el corazón y ponerlo sobre las cuartillas como un pisapapeles mientras se presume, en vano, de tener un raciocinio insobornable.

# Teorema de Jehová y los comunistas

Perdonad. Hay sus opiniones. En el principio era el Verbo, dicen las Escrituras. Pero hay quien piensa que en el principio fueron los hombres. Dios vino luego.

Lo primero sería que los hombres se dieran a pensar que alguien debió de hacer el mundo, la tierra feraz, el aire fino, los ríos caudales, las fieras indómitas y las estrellas altas. Entonces, precisamente, el hombre comenzó a ser religioso, a creer en la existencia de unos poderes ignorados y magníficos, como suma y ápice a la necesidad de encontrar explicación y causa al hecho del mundo y sus complicados incidentes. Dios surgió como una idea simple. Dios, por lo menos, había de ser el autor de la puesta en marcha y aun de las averías del Universo.

Más tarde aparecieron nombres a ese poder total e incomprensible. Y entonces comenzó la división de opiniones. El cómo y el quién fragmentaron la creencia única, y nacieron los sistemas religiosos. Después cada sistema se partió en credos, ritos y ceremonias.

Por entonces se inventó la Semana Santa sevillana. Cuando ya el culto católico se matizaba de peculiaridades y de acentos. Y todavía siguió la división. Porque, dentro de Sevilla y en medio de la Semana Santa, la atomización prosigue. Varía el tono con las distintas cofradías hasta llegar a individualizarse en cada corazón que traduzca en una ascética personal e intransferible el maravilloso aparato externo de las famosas fiestas.
El causante del mundo, Jehová, queda bien lejos. El Sinaí se alza más allá de las lomas del Aljarafe.

La verdad es que la gente no se acuerda ahora mismo de quién hizo el mundo.

¿El Génesis? Habladles de eso, y veréis qué cara os ponen los «armaos» de la Macarena.

¿El Génesis? No interesa. Más que la salida del mundo, maduro de la entraña del caos, importa la salida de la Virgen de la Amargura por el estrecho marco de su iglesia.

La puerta no deja al «paso» más de una holgura lateral de dos centímetros. Dios hizo el mundo en seis días. Pero esto es más serio.
El capataz de los costaleros, Dios máximo de esta escuadra de comunistas, no usa barba ni se toca con un triángulo isósceles, pero ahora mismo es más interesante que Jehová.
Jehová dijo: «Fiat lux». Y el capataz: «¡A ésta es!». Mucho más sencillo.

# Estaban los místicos en su rincón

Mientras afuera relumbran las fiestas, ellos siguen su rosario de convites en el rincón de la taberna.

Vaso tras vaso lo que hay en el ambiente de vapor de milagrería se va condensando sobre la reunión en un rocío de imaginaciones y ectoplasmas, como un maná de regalo para las tapas del vino.

No ven los amigos la Semana Santa. Pero la sienten.

Les basta saberse inscritos en ella, mejor que en el espacio, en el tiempo.

Por el cristal de las cañeras, como por aquellas bolas de vidrio de los mágicos, cruza en televisión la Semana Santa. La reunión está sobresaturada de ambiente y cualquier estremecimiento concreta la disolución en una arquitectura de perfiles. La tijera del reloj va recortando siluetas de pasos y cofradías.

La una de la noche:
-Ya sale la Macarena. Las dos de la madrugada:

- ¡Cómo estará ahora mismo la Plaza de San Lorenzo...! Las seis y media de la tarde:

-El Cachorro está pasando por el Puente de Triana.

El aire se llena de proyectos de saeta y diapositivas de humo.

El espacio tiene sólo el valor de una efeméride. La Semana Santa va cristalizando en el rincón de la taberna. Los minutos del reloj le trazan el estarcido y sobre el dodecágrama de las cañeras suena, para los oídos del alma, la sinfonía de afuera, tañida en luz, en gritos y en colores. El eco viene viajero en los ojos de los que entran y salen.

Ven la Semana Santa, como Beethoven sordo oía en los papeles de música el submundo de sus últimas sonatas.

Los amigos en el rincón van disolviendo en el vino su mística trascendental.

Los amigos del rincón ven así un día y otro la Semana Mayor, tan pura que sòlo raya más adentro de la retina la pantalla gris del pensamiento.

# Denegación y ausencia de la historia

La Semana Santa no había existido nunca. Es cierto que se celebró otros años. Pero auténtica existencia no tiene hasta este Domingo de Ramos. Las otras Semanas Santas pertenecen a la Historia, es decir, al recuerdo. Y toda memoria se va, desaparece con su cauda de tiempos y acontecimientos, ante el hecho sencillo de salir los nazarenos a la calle. La Semana Santa surge en resurrecciones de milagro, que olvidan referencias y avatares. Por eso la Semana Santa es incapaz de filosofía y de historia.

En estos días no se razona. Se siente nada más. Se vive y no se recuerda. La Semana Santa no ha existido hasta ahora mismo. Queda lejana toda cuestión previa. Inútil buscarle raíces teológicas o tubérculos históricos. Nace la Semana Santa en sí, para sí y por sí. Es autóctona, autónoma y automática. Nace y crece como una planta. Dura siete días y en ese tiempo germina, levanta el tallo, florece, fructifica y grana.

Acaba finalmente cuando el postrer nazareno se descalza las sandalias y las envuelve en el último número de El socialista. El último nazareno sí tiene su historia y su filosofía. En pesados artículos doctrinales ha leído algo sobre Hegel. También sabe que existe la interpretación materialista de la Historia. Pero ahora no se trataba de eso. No se trataba de Largo Caballero. Pero ¡cuidado!, tampoco del Sumo Pontífice. Se trata de la Semana Santa.

La Semana Santa carece de antecedentes filosóficos y polí ticos. Es decir, no tiene antecedentes penales.

El último nazareno está contento. No siente haberle hecho traición a nadie. Ni siquiera a la Segunda Internacional. Él es, primero, sevillano.

Por lo demás ha cumplido con su deber. En la puerta del Ayuntamiento unos jóvenes tradicionalistas gritaban: ¡Viva la Religión Católica Apostólica Romana! Y él fue uno de los diez mil que pusieron las cosas en su sitio:

- ¡No! ¡Que viva la Semana Santa!

Son dos asuntos, señor. El nazareno envuelve sus sandalias en el último número de El Socialista.

# Escena de la flaqueza humana

Y que ya son las dos de la madrugada. Muertos van los tambores  de sueños y ronquidos. Muertos, si no los resucitara el alegre griterío de las trompetas unánimes que llenan de serpentinas de metal el barrio de San Bernardo.

Sobre la noche alta los clarines encienden el ramo de sus estoques.

En las tabernas luce un velatorio de cristal y vino. En alguna parte han pedido el candelabro de las ciento trece «cañas». Sobre las frentes arde su lumbre la manzanilla cordial. Y huele a incienso, y a pescado frito.

Los hombres hacen cola para orinar junto al «¡Aquí é….!» de las tabernas.

En cualquier taberna el primer meón engarabata una cruenta batalla en la pretina. Y la cola, sometida a un largo procedimiento de apremio, da rabotazos y «teras mares» de impaciencia.

Pero el borracho difícil no se inmuta. Las «mares» no tienen esta noche la menor importancia. Como en agua de rosas se está bañando el respeto a la familia en un océano de «medias cañas». El borracho es sensato, como todos los de Sevilla:

-No hay que impacientarse. La cosa no es tan fácil con la túnica, la «tajá» y tantísimos botones. Id liando un cigarro mientras se arregla esto.

Y la petaca va de mano en mano a través de los que aguantan la decantación del muchísimo vino.

Pasa la petaca de mano en mano, a través de la cola, desde la primera vértebra contumaz que convida, hasta el necesitado postrero.

De mano en mano la guasa y la petaca, mientras se arregla aquello.

# Pareado del tema religioso

Si religiosidad es pureza de sentir, nada tan religioso como la Semana Santa. Treman las almas con el tono que corresponde a las vibraciones más altas. Pero, si es religiosa en lo concreto, ¿de qué religión? ¿y con qué género de beatitud? ¿encajada en un ceremonial externo determinado? ¿o disuelta por los rincones donde el espíritu recata sus sentimientos más hondos?

Difíciles interrogaciones. Cruces y veneras, imágenes y sacerdotes, intervienen la Semana Santa.

La Semana Santa cruza el túnel de la Catedral. Pero también un paisaje de barrios y muchedumbres. Suenan salmos latinos, pero silba la ese andaluza su aguda sierpe en la «saeta». En la Catedral predican los doctores de la Iglesia y en las tabernas del tránsito lija grecas de caoba la voz morena del Nino Gloria.

... tronco de nuestra Madre Iglesia Santa
y árbol del paraíso.

Mientras pule su ebanistería el «cantaor», duda el caballero católico. Parece que le duela un poco que la Semana Santa no sea totalmente, par modos irreprochables, una manifestación puramente ortodoxa, estrictamente canónica, exactamente ritual... Y sin embargo, el caballero católico está emocionado. Profundamente. Él distingue bien lo suntuoso de lo religioso, lo espiritual de lo solemne. Pero...

En cambio, al ciudadano laico le resulta todo esto un poco carca... Sí. Él iba precisamente a pronunciar esa palabra tan fea. Mas todo esto, que tiene sus apoyaturas eclesiásticas, tañe ciertos recónditos bordones de su ánimo, abre antiguas ventanas a su alma. Y, sin embargo, él se ha prometido cien veces no creer en Dios ni en nada semejante.

El Cardenal es una autoridad y otra era el maestro Rafael, jinete en su caballo oscuro, persiguiendo con su banda de clarines las estrellas fugaces de la noche.

# Teología comparada de Sevilla

Dios llena, como una gran explicación, el vacío de las causas y los razonamientos. Se acude a Dios cuando las grandes tribulaciones y donde los arduos problemas discursivos. Las potencias del alma buscan siempre en su tremenda noche faro en que imantar sus vectores...

Por eso, acaso, únicamente Dios, concreto en cuanto hombre, pudo desde Galilea ofrecer a los cariños sin destinatario y a los pensamientos sin trayecto el norte de su gracia serena y la órbita de su corazón, estrella polar del universo mundo...

Antes y después de Cristo, cerebros hipertrofiados y veloces han vestido el Dios abstracto con la túnica de nieblas que la angustia incapaz de nuestro pensamiento evapora en complicados trances.

Dios así, deducido y remoto, es siempre algo propio exaltado del ánima y conformado por ella. El alma es un soplo de Dios y Dios acaso, bellamente, un vendaval de los espíritus.

Antes y después de Cristo, filósofos y poetas, es decir, personas presuntuosas y terribles, inventaron y concluyeron muchedumbre de dioses y teoremas...

Hesíodo y Homero engarzaron familias enteras de unos dioses licenciosos y elegantes. Max Müller y De Bonald pretendieron hacer de la divinidad una cuestión filológica. Entre el miedo y el rencor tallaron los oscuros dioses africanos. El Atumú-Ra egipcio érase un dios sideral y prolífico. En Babilonia crearon el «politeísmo monárquico» y Allah fue colocado de contable en un cabaré de siete pisos.

Al calor de las imaginaciones se edificaron dioses en el mundo; pero también en frío por los laboratorios de los pensadores.

Hubo el Dios atareado de Malebranche y el pirotécnico de Heráclito, el pluscuamperfecto de Sócrates y el poliforme y deshecho de Spinoza, el dios hidrópico de Thales de Mileto y el neumático de Anaxímenes y el axiomático de Kant...
Desde la maraña de las teogonías y los sistemas filosóficos, ¡Cómo reluce intacta, espuma de jardines y requiebros, esta Virgen, dulcemente femenina, ¡de Sevilla! ¡Cómo se yergue, torre de pena y luz, este Dios campechano de la Semana Santa!

# Historia en azul de una revolución

Es corriente que las revoluciones del mundo rematen en las gamas calientes del rojo. Encarnadas banderas. Llamas purpúreas. Sangre. Y el rubor de las auroras en que se ordenan las ejecuciones. Crepitan los pueblos sobre el primero de los siete peldaños del iris. El espectro solar se abre sus arterias y sangra sus goterones el drama. Florecen las violentas amapolas y se desgranan en rubíes los más ilustres gules. Grandes ráfagas de carmín tiñen las frentes y las crónicas.

Los hermanos de la Macarena hicieron una vez su revolución... No había más medio.

El escándalo aullaba sus gritos por el barrio. El escándalo trepaba por las mosquetas y las parras de los corrales, clamaba en el fondo de los patinillos, abría las piernas por las azoteas, o taimado, disimulado y cauto, escarbaba en los oídos de las comadres, por los umbrales, en los lavaderos.

El escándalo hacia burbujas en el vino de las tabernas espantaba los ojos de las mocitas en la flor de las esquinas y entraban por fin en la iglesia de San Gil sin descubrirse…

El escándalo ponía los brazos en jarras, crispaba los puños, decía palabras feas y daba cortes de mangas...

Pero lo grave fue que se atreviera a dar puñetazos en la misma mesa de discusión del Cabildo extraordinario de la Antigua, Real y Pontificia Hermandad de Nazarenos de Nuestra Señora del Rosario, Santísimo Cristo de la Sentencia y María Santísima de la Esperanza...

-No puede ser. No debemos consentirlo. No podemos permitir que el Arzobispo nos nombre un Hermano Mayor, nos imponga un amo, nos sujete a un dictador que disponga de nosotros, de nuestra cofradía, de nuestra Macarena...

-Y que se llama nada más que Emerenciano...

Aquello sí que no se podía permitir. Y entonces fue cuando surgió la palabra tremenda:

-¡Camaradas...!

Después fue cuando se hizo la revolución. Pero en un color original y nuevo.

Por las calles del barrio corría el Hermano Mayor, tiznado de añil de arriba abajo.

Fue una revolución azul que abría las ventanas, los ojos, las puertas, las bocas, las risas, los balconcillos, la guasa, los corazones, de par en par.

Don Emerenciano huía por entre un arriate de improperios, junto a un zócalo de carcajadas explosivas, en que estallaban baterías de dedos índices, convertidos, de pronto, en armas cortas.

# Novela del Cristo de la Expiración

Hace tiempo que el escultor trabaja sin descanso. Noche y día hunde sus formones en la carne reseca del madero.

Afuera baten los yunques y resuenan cantares y pendencias. Alguna vez el escultor limpia el sudor de su frente, carda su fina barba con los nerviosos dedos, y contempla, retirado un poco, la magnífica y decapitada talla. Luego aparta del agudo corte de las gubias las menudas virutas, que se engarzan en delgados rizos pertinaces.

No hace muchos días esto era el grueso tronco de un árbol poderoso. Hubiera podido servir para fundir el hierro antiguo en las fraguas de la Cava o para señalar, desbastado, caminos del Nuevo Mundo en el espolón de un velero. Ahora es un hombre decapitado, con los brazos abiertos y extendidos en rígida y desnuda imploración.

El mejor físico de Sevilla, el más famoso cirujano de la ciudad, no acertarían a calcular con más cuidado el mapa de estas venas henchidas, la geometría de estos músculos, tensos en un esfuerzo desesperado y último.

El escultor ha intentado muchas veces completar su obra. Trabaja, en verdad, con la unción de quien quisiera lograr una maravillosa Eucaristía: el cuerpo, sangre y divinidad de Dios, aquí. Sacado a punta de gubias de aquel leño informe y seco. Están los brazos, el torso, los pies atravesados, el anhelante pecho. Pero... ¡la faz de Jesús! ¡Cristo muriendo...! En vano reza el escultor en la iglesia de Señá Santana. En vano pone en su trabajo un largo prólogo de credos.

Pero hoy, ¿qué lumbre extraña es ésa, en la mirada? Hoy trabaja febrilmente el escultor. Ni aún podrá ir al entierro de ese gitano de enfrente, al que mataron de siete puñaladas.

Él le vio morir. Y aún le ve, con el recuerdo en las manos y la visión atormentada en el filo de las gubias.

Después, ¡Santana bendita!, el escultor sigue viéndolo, transfigurado, cierto, con los ojos de la cara.

Muchedumbre de gentes lo verían.

Sobre la faz del gitano luz de siglos y fervores. Las tres «potencias» de oro y una corona de espinas...

Allá por los altos cielos, ¡cuánto hablaran de Triana Jesús y el apuñalado!

# Estética, dolor y penitencia

La viejecita tuvo su hijo muy grave. Un tiro fue, de los de Asalto. ¿Se puede ser anarquista?

Diez días arrastró la viejecita sus lágrimas y sus zagalejos por los largos corredores del corral.

Él estaba allá dentro, sobre la humilde cama, serio y pálido. Algunas veces venían a verle sus camaradas. Salían del cuarto con la cabeza baja, caídos los brazos. Pero crispados los puños, las uñas clavadas en la palma de la mano.

En la cabecera del lecho hay una estampa de la Virgen de la Estrella. Bajo el colchón, dos pistolas. El médico iba y venía recatadamente. El médico también creía en la libertad abso luta y en la fraternidad universal. Ni en las clínicas oficiales ni en el Gobierno civil supieron nunca nada de este herido. Diez días, largos y ceñudos, atravesaron su silencio en el corral. De siete a nueve de la noche, lejanos disparos ponían medrosos asteriscos en el barrio, breves jazmines de violento plomo.

Ahora sólo estallan los claveles tempranos sobre las mace-

Pasa lista el lector:

-Gabriel Heredia y Salazar...

Nadie contesta. Los gitanos arreglan el «paso» de Nuestro Padre Jesús de la Salud. Lo están vistiendo de prestado, pero va a quedar precioso.

-Gabriel Heredia y Salazar...

Los Hermanos no entienden ese lenguaje. Entonces se hace necesario el intérprete. Va traduciendo la lista. He aquí la versión flamenca:

-Tiznao. Meloja. Sarampión. Tres Chirlas. Posturas. Ventolina. Esparpitao...

Todos están allí. Ya han entendido los siete. Y los demás: el Bocio, el Emparmao y el Agonías... Solo faltan esos que entran ahora con una cruz a cuestas.

Diez minutos después están allí hasta las ánimas benditas. Discuten el arreglo del «paso», se pican de maldiciones, y se nombran los muertos.

Manuel no puede salir así este año. La cruz se la han prestado y está corta. Siete veces se la han puesto en medio de la disputa. Por fin, la han sujetado con tirantas de alambre. Pero eso no puede ser.

- ¿Qué queréis? ¿Qué saquemos el «paso» del teléfono...? Entonces con claveles han vestido los alambres. Y las jarcias quedan magníficas de arte, con una gala de banderillas toreras.

Los ojos que conocieron caminos y horizontes tienen ahora una profunda luz irrefragable que alumbra alguna fugitiva lágrima.

El Cristo, atezado y duro, será su imán toda la noche... Y le cortejarán con palabras que no están en los misales.
Por las calles, los gitanos ponderan a Manuel. Como si fueran a venderlo.

# Parábola del Guardia y la saeta

Claro que lo que hacía falta saber era cómo aquel uniforme blindaba al guardia municipal; cómo el traje era una flexible tapia, imposible de atravesar por aquella obligación casi fisio- 1ógica de cantar todos los años una «saeta».

Entonces se comprendía perfectamente aquella dificilísima taquigrafía que engarabitaba en ásperos frunces el gesto del guardia municipal.

El guardia entró en la taberna porque afuera llovía un chaparrón de cera y redoblantes. ¡Qué filo de puñaladas tenían los clarines en la noche! Sobre la frente del guardia una corona de clarinazos. Y sobre el pecho los siete dolores, siete: el de sentirse guardia, el de vestir uniforme, el de ser la noche del Parasceve, el de haber nacido en Triana, el de existir manzanilla en este mundo, el de tener autoridad y el de saber cante jondo.

El guardia entró en la taberna. Afuera los redobles del tambor acompasaban el aliento de tantos entusiastas. Como trallazos, como jarros de agua, como disgustos de familia, caían los redobles del tambor sobre el guardia que entró en la taberna.

Porque le dio la gana se cerraron las puertas.

El guardia se quitó los guantes, se afirmó el casco, apuró de un golpe «media caña». Luego fue cuando apoyó la mano sobre el mostrador y comenzó a cantar su «saeta».

Mientras la copla surtía iban desapareciendo los botones, las insignias, los bigotes del guardia. Solo la copla zumbaba por la taberna como un pavón nocturno. La copla sola.

Por una rendija de la puerta entró una cuchilla de cirios encendidos: un latigazo de luces amarillas. Y por aquella espita se salió la copla.

Y entonces, cuando la «saeta», que llenaba la taberna, dejó sitio, fue concretándose el guardia como cuajado lentamente. Aparecieron el uniforme, el casco, los bigotes, la autoridad del guardia. Surgieron los parroquianos, el montañés. Se derramó el alboroto de la calle y un ¡olé! que abría las puertas de la taberna de par en par. Para que la luz del velatorio jugara con el vino tinto a las banderas antiguas.

# Tema de la Pasión y la muerte

Una religión no es solo una teoría cosmogónica; es, además y principalmente, cierta institución de seguro de la otra vida. En toda religión, sobre lo aparatoso y externo, laten cuestiones más hondas. Los imperativos morales. Los dioses colegisladores, y los diablos, bermejos funcionarios del poder ejecutivo. Y un oculto imán para los amores imprecisos, para los cariños sin destinatario. Y más todavía. Normas para vivir y, sobre todo, para morir correctamente. Y un particular afán de resolver del mejor modo nuestros posibles negocios de ultra tumba, en el panorama, extremado de tormentos y delicias, ofrecido en definitiva sanción a nuestra pobre carne deficiente. Cualquier manifestación religiosa complica los ánimos de pensamiento en la muerte. Muchas personas no tienen otra religión que el miedo, ni otro miedo que la religión. Se pasan lo mejor de la vida preparándose concienzudamente para ser buenos cadáveres. Las religiones ayudan a este noble propósito. Buscan nutrir sus estadísticas, mejor que con el catálogo de las vivos, con un buen obituario de cuantos fenecieron en su seno con las formalidades del caso.

Los ritos y ceremonias tienen una misión fundamental: meter a la gente en capilla, sugerir a las humanos el tema edificante de la defunción aplazada.

Todo el pensamiento del medioevo, edad del Purgatorio y la estameña, entretuvo sus pavores en aquel oscuro tema del último dolor y traspaso.

Por la Semana Santa de Sevilla cruza la muerte, más sin utilidad ni pragmatismo, bella y lejana, coma un motivo plástico. La gente lave pasar, pero sin miedo ni dolor.

La muerte aquí es mucho más que la historia de una religión, mucho más que una preocupación de bienestar futuro, mucho más que el misterio y las temores de un final irremediable. Mucho más que eso. La muerte no es aquí más que una obra de arte.

Y... ¡alguna vez habría que decirlo! un tema sensual. Semana de pasión, y no de muerte.

# Fábula del guarismo y la incógnita

Él no se viste la túnica. Pero aun sin eso, ¿no es nadie él en la Semana Santa? Él es el amigo del nazareno. Junto a las encubiertos cofrades, incógnitas en el maravilloso polinomio, él es el coeficiente numeral. Ellos serán el Álgebra en la doble ecuación de las filas: él es lo más concreto: la Aritmética.

Él va con el nazareno. Y le cuida la cuenta del vino. Su amigo debe ser formal:

-Llevas ya doce «cañas». Y eso no puede ser...

Atención señores: el amigo del nazareno es ahora mismo un número cardinal. Es exactamente el número 12. Representa en el mundo la docena de «cañas» que se bebió el cofrade.

¿Qué? ¿no tiene importancia? Él es el hombre que colabora en la Semana Santa por parentesco espiritual, por contabilidad y adhesión.

Va dando corte, guardia y pleitesía al nazareno. Y avisa a las amistades que este personaje enmascarado par el capuchón es, precisamente, su amigo. El nazareno habla bajo. El amigo es otro asunto. A voz en grito reparte su poema por las calles. No tiene más de dos palabras el poema:

- ¡Mi compadre!

Cuando divisa los grupos del barrio, levanta el gesto, abraza al nazareno y mira al público con una insolencia especial.

Luego guiña un ojo:

- ¡Mi compadre!

Para que se entere el mundo. ¿No es nadie él en la Semana Santa?

Él es el amigo del nazareno. Y su probable Cirineo alta la noche. Le enciende el cirio. Le cuenta chistes y le lía el tabaco.

-Compadre de mi alma, hace usted un nazareno imponente...

En la noche acuden a la Catedral las cofradías. La Esperanza de Triana es una aleluya azul, un resplandor de clamores entre la majestad oscura de la Cofradía del Calvario. Aquí en la calle de San Pablo hay que esperar el encuentro. El claro arroyo bullicioso sobre el que viene, marinera, la Esperanza, aguarda junta al canal tranquilo que fluye de la otra Iglesia, en negra y solemne corriente de satén.

En la taberna se hace el tiempo más corto y se pueden alzar los capuchones.

Ya están aquí el número doce, el coeficiente de las doce «cañas», y su amigo el nazareno. En diez minutos se ponen en las diez y ocho. El poema, más arrugado cada vez, resuena todavía:

- ¡Mi compadre!

Biografía del
hombre reivindicativo

Era el gitano rico y asistió al Instituto y a la Universidad. Anduvo entre libros y teorías con una sonrisa incrédula. Junto a las columnas del patio de la Universidad de Sevilla enseñó a los compañeros a cantar por seguiriyas las reglas del silogismo:

¡Aut! Aut semel Aut iterum medius
¡Ay! Generaliter esto...

Pero el gitano lo dejó todo por su fragua, donde machaca el hierro y los minutos.

¡Qué libros eran aquellos que venían a entorpecer el río caudal de sus esencias antiguas! Lógica, Economía Política, el Código Civil...

El gitano era un aristócrata que se zapateaba la pena y no creía en el derecho de propiedad. Ahora es el Hermano Mayor de la Cofradía de Nuestro Padre Jesús.

Mientras afuera oscurecen y alborotan el aire chavalerías de la Cava, gitanitos en calderilla, él explica en los corros de compadres, junto al yunque familiar, la majeza de don Fran cisco de Quevedo o la gitanería de Juan Ruiz.

Cantaba martinetes y recitaba versos de san Juan de la Cruz. Aquellos perifollos del santo:

Y yéndolos mirando con sólo SU figura vestidos los dejó de su hermosura.

Las viejas apergaminadas y sapientes no se explicaban nunca cómo pudieron ser «payos» personas de tanta calidad como aquellas de que hablaba Rafael «el Entendío».

Rafael había salido indemne de su experiencia de cultura. Y de su vecindad con ella extrajo para su raza una antología de versos y una colección de psicologías históricas.

Pero le quedó, en poso de «malanges», una antipatía fundamental a los romanos que fabricaron tantos códigos. Un odio profundo a los romanos que tuvieron hasta esa Guardia Civil de hojalata que sacan en la Macarena.

# Episodio de la Guerra Carlista

La puerta de la iglesia de San Benito tiene una taberna enfrente. Están al hilo el mostrador de la taberna y la nave de la iglesia. Son casi iguales las puertas; y la calle que atraviesa, de tan estrecha, apenas es linde y frontera entre los dos lugares.

Y la verdad, si ha de decirse, es que la juerga y el vino saben aquí mejor. Parece que se estuvieran bebiendo dentro de la misma iglesia.

Ese ramalazo malo que todos llevamos dentro pone su fuerte solera al vino de esta taberna. Las finas «tapas» de queso parecen tiras de cera y, dentro de la iglesia, huele a marisco el incienso.

Han llegado aquí muchos cofrades de San Benito. Entran en la taberna con una algarabía de pliegues y comentarios. Vienen alegres los nazarenos. Cada año aumenta el prestigio de la Cofradía. Cada año, por si esto se dudara, la Cofradía retrasa más las horas de entrada. No la hay como ésta. A las cuatro de la madrugada y con las cañeras delante, cualquier Cofradía será siempre la mejor de la ciudad. Están satisfechos los nazarenos:

-La Cofradía se está poniendo que no hay quien la aguante... ¿Nunca se ha oído hablar de una mujer irresistible? Pues, eso. Para aguantar la Cofradía, en lo posible, los nazarenos, adelantados al «paso», buscan jarcias y puntales en el vino. También la emoción tiene su sed, señores.

Se han derramado por la taberna y están más contentos que nadie. Sobre los hábitos blancos, erizan de conos el aire los puntiagudos capuchones. El mostrador es la encía de estos dientes provisionales.

El entusiasmo trae ya muchas «cañas» de altura sobre el nivel de la noche, y cada ¡viva! que se da empina, por modos infalibles, el campeonato de elevación que está tramándose:
- ¡Y que viva y viva la de San Benito!

Entonces fue cuando entró aquel nazareno de la capa morada. Se levantó despacio el antifaz y girando en doble faro la mirada insolente, pidió también de beber a voz en grito:

-A la salud de la de San Bernardo.

En la esquina del mostrador se rompieron un vaso y un desplante.

Amanecía y aún por el barrio de la Calzada daban al viento su color morado irregulares banderas de victoria.

En cambio, en el de San Bernardo, nadie le encontraba explicación a un nazareno en calzoncillos.

# Salmo de Jesús del Gran Poder

Este Señor del Gran Poder es un Dios honrado y fuerte. Ninguno como él es de verdad aquel Jesús de Galilea, insobornable y enérgico, que arrojó a los mercaderes del templo blandiendo en la segura mano el látigo indignado y justiciero. Seguramente tiene su explicación la devoción que a esta imagen tienen los poderosos de la ciudad. En otros tiempos de economía más sencilla éste era el Señor de los pobres menestrales sevillanos...

Aún lleva este Cristo sobre sí las briznas de la carpintera de José y el dolor antiguo de los proletarios. Pero es un hombre vigoroso, musculado por el trabajo y los caminos, que podría, si quisiera, transfigurarse en el extremista aquel que daba al eco y al viento de las montañas su palabra magnífica y rebelde:

JESU
ODER

«Me han ungido para dar buenas nuevas a los pobres... para poner en libertad a los quebrantados... ¡ay de vosotros los hartos! porque tendréis hambre...»

Los burgueses de la ciudad rezan ante Jesús del Gran Poder. Su cofradía no sale sino cuando todos los horizontes están claros. Cuando duermen o se ocultan los dolores de Sevilla. Cuando los dolores de la ciudad huyen de su mal de ser dolores.

Ahora no pisa la arena del desierto el presunto sedicioso de Judea. Sobre la canastilla del «paso», alborotada de oros y molduras, ésta Jesús, pero ausente de los brillos escandalosos de la talla y aun de los ángeles revoltosos que añaden sus travesuras a la maraña del barroco.

Entre la fe y el respeto ponen cortinaje de rumores a las profundas naves de la iglesia. Afuera bulle el pueblo y se alborota.

La Plaza de San Lorenzo está llena de gente, y hace frío. Un frío especial que mana de las puertas del templo, tan cerradas. Antes de que se abran, hasta tres aldabonazos levantarán sus esferas en lo oscuro. A las dos en punto de la madrugada aparece ese Hombre recio y triste.

El frío crece ahora y lo arropa todo un silencio comprimido y abstracto. Y entonces, al filo de la «saeta», se resume y descarga el ansia de la noche:

Jesús mío del Gran Poder divina y buena persona...

# Épica del dirigible y la torre

EEl dirigible apareció en el horizonte como un pez de leyenda. Y era en Sevilla y Jueves Santo.

Para estos días, precisamente, la ciudad parece necesitar todo su cielo; le hace falta un aire despejado y libre por donde navegue, en busca de remotos ecos, todo lo azul y altivo que mana, en invisibles humos y llamas escondidas, de esta candela de las siete días.

Y sin embargo, entonces, de las altas acacias de la tarde nació esta móvil baya fabulosa y le crecieron plumajes de avestruz al horizonte. Pero quizás no era el cielo de Sevilla, sino un mar de aguas nuevas donde flotaban nácares angrelados, medusas invisibles de gasolina e incienso, y bogaba un escualo alemán domesticado.

Abajo la ciudad madrepórica con ciento cincuenta torres. Y arriba, por la Pasión y el apasionamiento de Sevilla y por los laboratorios del mundo, un cielo conquistado. Junto a la Giralda de las alarifes el cetáceo de las ingenieros. Por el aire «saetas» y aviones.

En Sevilla y por Sevilla sacra madera de los Cristos, y un gran arcángel de aluminio. En cruz la torre y el dirigible. En aspa de milagro nuevo el sentimiento y la ciencia, el arte y las dinamómetros. La ciudad con la planta sobre su historia ilustre, sobre sus trabajos y sus días, y con el pecho en su sentir más limpio y alta la frente, como la Giralda y el Zeppelin. ¿Por qué habían de reñir Rocío Vega y el doctor Eckener?

Si los clarines sonaban su escuadra de trinos altos, bien cantaban su canción simétrica cinco abejas en el cielo, prendidas al dirigible.

¡Pureza de la Semana Santa, que con nada se empaña ni complica! No hay inconveniente para que los sindicalistas, por ejemplo, se sientan nazarenos. Bajo el capuchón la C. N. T. y en los estandartes el S. P. Q. R.

Existe un arte especial para entrar el «paso» de la Virgen de la Amargura y otro para atravesar de un vuelo el océano. En el Atlántico hay borrascas y en la calle de Guzmán el Bueno estrechuras emocionantes...

¡Eternidad y garbo de Sevilla! El dirigible volaba. Y sin embargo un sitio es la Plaza de San Gil y otro el Aeropuerto Terminal de Europa. Porque bienaventurados los hombres que saben extraer del arte una mística sin mácula y los que saben construir dirigibles.

Por arriba nadaba el Zeppelin y por abajo, peces de cristal antiguos, sin cola, en el corazón.

# Sobre los arenales del silencio

Únicamente en este tránsito, por atracción del peligro, cruza un relente de pecados capitales. Aquí, por donde pasa, severa y medieval, la Cofradía del Silencio. Por otra parte vuelan engalanados gritos y murmullos; por aquí son murciélagos oscuros los que cruzan la noche sambenitada y temerosa. Sobre los cirios se afilan móviles garfios de luz, lancetas de abrasado azófar, que amenazan la carne pecadora y delgada. Hace ya mucho tiempo, a la vera del río, el castillo de la Santa Inquisición encabezaba el puente de Triana.

Ahora entre lo negro y negro, mientras cruza la sombra de ciprés de los Hermanos, guarniciones de plata dan coletazos fríos en la noche, lumbre de viejos cuchillos que aguzan las cantoneras de la Cruz y erizan la peana de la Virgen. Lívida plata desangrada y desnuda. Y ni músicas ni bulla ni requiebros. Eso allá por otros barrios.

¿Cuántas leguas habrá de la Parroquia de San Miguel, de dónde sacan el Silencio, al arco de la Macarena, bajo el que pasa la Esperanza?

Callan los nazarenos y la gente. Y ortigas de silencio y contrición crecen entre las quiebras de la culpa. Otros tránsitos se encenderán de emociones y saetas, pero éstos se oscurecen y se apagan. La Cofradía enturbia de ocres nocturnos la cal de las barreduelas y cierra puertas y horizontes. De arena se vuelven y penumbra las calles por donde pasa.

En 1577 Mateo Alemán presidía esta Hermandad -detrás el cortejo estoico de su dura filosofía- mientras el pícaro Guzmán navegaba por las apreturas de todo Viernes Santo. Ahora y entonces un vientecillo del Gólgota enfría esos arenales, adonde baja, gris y espeso, el murmullo antiguo del Monte de las Olivas. Y sólo las estrellas carcomidas y las llamas de cera tintinean puntuando esta necrología.

Lo demás es el desierto. Cualquier día gente del barrio de San Bernardo, del Patrocinio, del Fontanal, colonizarán estos arenales del Silencio. Vendrán aquí, a tierras de Judea, donde ni voz clama ni vibran las cornetas. Pero ¿cuándo?

No habrá de ser ahora. ¿No visteis acaso esas personas disgustadas vestidas de ruan negro, con cinturones de esparto? En cuanto a los conquistadores... Ahora no tendrían valor.

En medio de este silencio, puede oírse su voz queda y medrosa:

-Vámonos de aquí, compadre. Resulta que es verdad que Dios se ha muerto.

# Justificación del filósofo en la calle

Señores: él no es una persona cualquiera. Él es un filósofo. Claro que se pone claveles en el ojal y tiene un amorío -Rosario- en la Alameda. Pero eso no le impide llevar sobre las cosas y los hechos su mirada fría y profunda y la fuerza analítica de sus razonamientos corrosivos.

Sabe muchas cosas el filósofo. Sabe, por ejemplo, que Plotino escribió las Enneadas y que Víctor Cousin logró sacar los retratos de todos los sistemas filosóficos con cierto aire de familia. Conoce la Summa de santo Tomás y las tardes apasio nadas de Rosario.

En cambio, no ha logrado discernir cumplidamente el secreto más hondo de la ciudad. Cada ano el filósofo aguza sus epiqueremas, cataloga premisas y emociones.

Todo el mundo sabe que por la primavera se tensa el aire de Sevilla con unos aromas especiales. No hace falta repetirlo: ocurre que huele ya a Semana Santa. Cuando ese olor cuaja comienzan a salir los nazarenos.

Por siete días Sevilla se reintegra a la profundidad de sus redaños. Vive su ventura como en otro paisaje, afuera de cronologías y razones.

El filósofo entonces no bebe su limonada en la Alameda. Abandona a Kant, a Spengler y a Rosario. Pasea solo por la ciudad.

La Semana Santa se le desgrana en gestos y maneras, tallada en facetas alucinantes, como el poliedro en diferentes planos, que, sin dejar de ser la cobertura de un volumen único, se recortan en polígonos distintos.

El filósofo andaluz pasea solo: andar y ver de barrios y pasiones. Menos estos siete días, el filósofo es laico. Ahora ¿qué es? Pasea y medita:

-Esta beatitud de siete días alcanza el sentido metafísico del arte. Hay aquí una religiosidad, ausente del latín y del Decálogo, que llega hasta el vértice supino en que el ansia de las personas ensaya el prólogo de una estética trascendental. En vista de todo eso, el filósofo se bebe cuatro «cañas». Es una manera corriente de resistir la Semana Santa. El clima de estos días tiene calidades tórridas. Se bebe vino como se toma quinina en los trópicos.

Con un alma de notario, el filósofo pudiera describir cumplidamente el tránsito de las Cofradías por las calles. Pero él solo quería saber la procesión que va por dentro.

# Cetrería del Miserere de Eslava

Se sabe perfectamente que por Semana Santa se ahonda más el cóncavo de las bóvedas de la Catedral y que una niebla de incienso y resonancias quiebra su anís sobre la piedra antigua. Las personas buscaron aquí cala y remanso a la algazara de las calles. Más por esta ensenada bate el ronco rumor de las salmodias: oleaje de sonidos graves, roto sobre un acantilado

de guijas ojivales y sochantres barrocos.

La Catedral inmensa vibra hasta su solar y se conmueve. Pero los violines y el coro enternecido de los seises levantan en la bruma pabellones de notas afiladas, gallardetes de vidrios temblorosos. Entonces los pentagramas se ponen verticales y atraviesan en las naves cancelas de seda al miedo. El Miserere tiene una letra gemebunda y transida. Mas sólo se atiende al compás, exultante y animoso, que la rima.

El Miserere alza sus corcheas, sus maestosos, sus calderones en aéreos fustes a la vera del grito floreado de los pináculos y las agujas góticas o junto a la altiva fuerza de los robustos columnarios... Y, acaso, hasta una misteriosa mano bíblica ensaya el arpa en las antiguas altas verjas.

La escena está preparada para que se disguste la gente. Pábilos desenfocados y viejo aceite de Ánimas. Largos paños morados y una ronda de sacristanes inconcretos, disueltos en la sombra o despeñados al abismo horizontal de las Capillas.

Más en vano el Miserere pretende ser terrible. Que doce jilgueros pían al filo de los violines: están cantando los seises y sólo su voz vuela y se encarama. Su voz delgada y ágil, que puede remontar lugares inaccesibles cuando aletea también la oscura fortaleza de los búhos solemnes entre la sillería del Coro y la grave formalidad del canto gregoriano. Tras los esquivos pájaros sencillos, cárdenas aves caudales cruzan el aire esmerilado de la Catedral. Todo el templo es paisaje para esta cetrería. Pero la gente escucha tranquila la voz parda de los frondosos clérigos. Por en medio de atriles y molduras, desde la breña baja y la maleza fosca del acompañamiento, puede la bandada de los chavales de Dios jugar a los jilgueros. Y el alma en su remanso verlos volar en trinos, sin cuidados...

Señor, el mundo es bueno. Y no es verdad que los canónigos se coman a los seises.

# Simpatía y terapéutica de la divinidad

En Lourdes existe un santuario situado en la gruta de la Massabielle a orillas del Gave. En 1858 una niña, Bernar¬-dette Souvirons vio la Virgen, junto a la cueva. Hablaba un francés dulce y estaba elegantemente vestida. Potentes auto móviles cruzan ahora las carreteras que conducen a Lourdes. Muchedumbre de vehículos trasladan al santuario personas que llevan el pecho lleno de emociones místicas. También van otras personas, que llevan otras cosas más ordinarias en el pecho. Por ejemplo: una enfermedad cualquiera.

Por todos los caminos van a Lourdes con su devoción o su fe. O, simplemente, con sus piernas tullidas y sus llagas abiertas y su parálisis progresiva...

Agencias de viajes y restaurantes de primer orden han crecido a la sombra eficaz de los milagros. Fariseos y Compañías Anónimas explotan la terapéutica de la Divinidad.

En la iglesia de San José de Madrid hay un Cristo que cierto día del año concede una de las tres cosas que le pidan. También allí acude la gente y se venden estampas milagrosas. Y las personas complican un poco la fisiología con la flaqueza humana. Hay quien pida tres cosas distintas en una sola verdaera. Por ejemplo: que a su peor enemigo le parta un rayo, le atropelle un tranvía o le mate un guardia de Asalto. Y rezan con todo recogimiento y devoción.

Aquí en el sur de España, en Sevilla precisamente, hay también Vírgenes y Cristos. Pero no hacen milagros. Ni nadie se los pide. Las imágenes de Sevilla están ausentes de la patología y las enemistades personales. Y aun del provecho particular de sus devotos. Brillan a una luz más limpia y se orean en un aire más puro, sin nieblas de utilidad ni pragmatismo. Y mejor quiere que adora la gente a sus imágenes. Cariño desinteresado y verdadero sin mezcla de mal alguno.

El Dios de las maldiciones, el que sana los enfermos y el que conduce a la Gloria no salen en la Semana Santa. No hay Cristos procuradores ni Vírgenes curanderas. Hay la Esperanza de Triana, el Cachorro, la Virgen de la Estrella y el Señor de Pasión.

Más que confiar en los Dioses la gente lo que tiene es confianza con ellos. Eso es lo grande.

Dios viene a ser aquí lo que será en efecto. La suprema simpatía.

Nada menos.

# Excepción de Juanillo el de la Palma

Todo tendrá sin duda su finalidad y estará seguramente bien dispuesto. Pero ¿se puede saber qué hace San Juan, tan reiterado sobre los «pasos» de Semana Santa? No hay Santo más pertinaz y repetido ni Justo más perseverante: San Juan con el Ángel que trae a Jesús el Cáliz de la Amargura, cuando prendieron a Cristo, junto a Judas, cerca de los ladrones, al lado de Longinos, oyendo las últimas palabras del Maestro, presenciando el Descendimiento, a la vera del cadáver del Crucificado, que sostienen los brazos de la Virgen...

Esta asiduidad y secuencia de San Juan tendría, acaso, como explicación un noble afán de atestiguar, con su presencia constante, esa su ilustre información, que había de quedar, famosa y autorizada para siempre, en las páginas del Nuevo Testamento. Pero quizás no sea eso; ni tampoco que quiera ser paño de lágrimas a la pena maravillosa de las Vírgenes: San Juan con Nuestra Señora del Mayor Dolor y Traspaso, bajo el mismo palio que María Santísima de la Concepción, escoltando a la Virgen de la Merced, dando compaña a Nuestra Señora de Loreto...San Juan al lado de las Dolorosas no debe de ser precisa mente esa persona capaz de consolar el duelo de tanta cara bonita. Más bien parece allí, tan severo, el hombre que le da los disgustos a las Vírgenes. La marcha de los «pasos» hace oscilar las imágenes del Evangelista y pone en ellas ese meneique de reconvención, ese cabeceo persistente -agrio el gesto y dura la mirada- que acompaña las recriminaciones en el mundo. En cuanto a las Dolorosas están como ausentes de ese caballero. No hay diálogo posible con un dolor que no quiere testimonios. Entonces, de verdad, ¿qué hace San Juan allí? No parece desempeñar ninguna misión trascendente.

-Ese San Juan, ¿a qué ha subido?

-¡pregúntaselo tú, mi alma!... Será quizás para arreglar el «paso».

Entre todos, sólo hay un San Juan que no estorba. Éste sale junto a la Virgen de la Amargura y su gesto es inteligente y simpático. Se sabe perfectamente que quisiera distraer a la Virgen, contándole las gracias que se dicen en la Corre duría... Pero reparad: éste no es San Juan Evangelista. Se trata de Juanillo el de la Palma. Le quieren en el barrio y le llaman así... Le quieren sobre todo porque es el único San Juan en los «pasos» de la Virgen que se libra de ser el autén tico pelmazo.

# Gesta del costalero interino

Sí, es verdad que hay este mundo. Pero ¿quién lo hizo? ¿qué Dios, provisional para estos siete días? Hay este mundo, que dura una semana. Y otro, que rueda su discurso durante todo el año.

Este mundo de la Semana Santa reluce en fiesta nueva para unos nuevos OJOS.

Porque también es verdad que a Frasquito lo han cambiado. Cada año, por este tiempo, se estrena un Frasquito enardecido, con la mirada caliente y suelto de voces y ademanes; Este Frasquito resucita el Domingo de Ramos y muere el Sábado de Gloria, disuelto luego en los días uniformes, que carda el reloj de entre el tiempo corriente, sin drama ni perfiles. Todo el año su cesta del almuerzo y la bicicleta que le lleva al tajo.

Un día igual a otro, si no son estos siete de la pasión y muerte de Frasquito.

Y ¿cómo pagar, señor, aquella resurrección en medio de este mundo, que le restalla los nervios y se le mete en la masa de la sangre?

Cruzan las procesiones, pero bajo los «pasos», tan apuestos de relumbridos, hay otro mundo de omoplatos y sudores, donde jadean los forzados de la santa galera.

Y él, Frasquito, mientras tanto, ver y gozar. ¿Qué se puede ser en la Semana Santa? Primeramente, se puede ser espectador. Y luego se tiene que ser alguien, jarcia, o mejor, puntal de tanta maravilla.

Frasquito no es Hermano de ninguna Cofradía. Acaso no tiene mucha fe los otros días de otras semanas. El resto del año, Frasquito es la cuestión social. Ahora... ¿qué puede dar él en este mundo? Tiene una voluntad dura y unos hombros robustos.

Cada Semana Mayor, Frasquito dará su «chicotá»; es decir, se ha de hacer «gallego» honorario. Desde la plaza de la Campana hasta la Catedral llevará el Cristo del Amor. Se meterá bajo el «paso», para ocupar el lugar de un costalero. Y no importa si caen las faldas de la canastilla y se apaga todo cuanto reluce y sólo llega en resonancia y ecos el esplendor ese que afuera se levanta. Corrido el telón, Fras quito será un anónimo habitante de aquella oscura isla semo viente, hundida bajo el oleaje callejero. Pero sentirá sobre sus hombros la cruz de los travesaños. Frasquito llevara el Cristo. Por afición. Eso es todo.

Después será necesario beber. Se le secaría sin vino esa rosa mística que le acaba de florecer en un costado.

# Hacienda y contabilidad de la emoción

Norteamérica es un país formidable. Hay montañas gigantescas, trusts poderosos, yacimientos de petróleo y magníficas ciudades. Hay, por ejemplo, la gran ciudad de Chicago. Y en la gran ciudad, muchos ciudadanos Smith que poseen excelentes fábricas de embutidos. Algunos de estos caballeros viajan por Europa según la pauta de la casa Cook.

Todo hay que decirlo para explicar por qué míster Walter Smith -ojos desvaídos, cigarrillos Virginia y piel rosada- se encuentra precisamente viendo la Semana Santa en su silla de la plaza de San Francisco.

La Semana Santa en tal sitio es un museo en fila india que le pasan a uno por los ojos.

Mr. Walter Smith ha hecho su viaje -mil dólares todo comprendido- para pasar revista a la Semana Santa. Y por eso tiene que estar allí, en su asiento de la Plaza de San Fran cisco. Allí en ese fielato donde luce la Semana Santa por acumulación y cuantía.

Mr. Smith no podría ser manómetro para las altas presiones de los barrios. Se conforma con ser el contador del agua, con calibrar la maravillosa corriente que atraviesa la plaza ante su silla. Tiene un guía al lado y maneja un cuaderno para notas. En él ha escrito curiosas apuntaciones:

«Cuatro cofradías a la hora y treinta nazarenos por hectómetro.»

Mr. Smith recuerda sus fábricas de embutidos e imagina unas metáforas infames:

La calle de la Sierpes es el grifo que desembute ese picadillo extraño de oros, luces, esculturas, músicas, colorines y bordados.

Pero Mr. Smith no conocerá nunca desde ahí las especias que aderezan esa masa. ¿Ha ido acaso a la Trinidad, al Patrocinio, a la Carretería o al Puente de San Bernardo?

No ha ido. Toda la Semana Santa la pasó en su silla. Pero tiene en cambio hecha su factura, según la tasa que dicta el cicerone:

Nuestra Señora de la Candelaria, peana y varales de plata repujada, palio de encaje de plata: 200 000 pesetas. Nazarenos de la Cofradía de las Cigarreras, túnicas de raso morado y cordón de oro, 20 nazarenos a 200 pesetas... Cristo de la Universidad: 20 000 pesetas de flores.

La relación es larga. Llena hojas y hojas del carnet. Cuando pasa la Soledad, Mr. Smith suma y reduce su cifra a dólares; después da tres o cuatro hurras imponentes. Que también los salchicheros de Chicago tienen el corazón en su sitio.

# Factum est: et habitavit in nobis

- ¿Que es oración?

-Levantar el corazón a Dios y pedirle mercedes.

El padre Ripalda, que dogmatizó tan escuetamente sobre menesteres del alma, pregunta así, y contesta sobre los modos de unirse a Dios.

La oración es, ciertamente, un método. Pero este contenido de fórmulas, predispuestas en las mociones piadosas y donde la memoria pone a la devoción a su servicio, se aviene mal con estos apasionados, dudosos quizás entre la fe y la afición, que ilustran su alma limpia en las lumbres de la Semana Santa.

Esta manera de alzarse, según itinerarios y ascensores rituales, de acuerdo con cierta racionalización y estribillo, más que levantar el corazón a Dios será elevarle una instancia, cursar, en suma, una solicitud a su reconocida bondad... Pero el que suscribe -Joselito Martínez, Manolito Romero, Curro Moya... - tiene su sistema especial de misticismo. Un procedimiento será elevarse a Dios y pedirle mercedes, y otro bajar a Dios al corazón y no pedirle nada. Pensar en Dios con cierto lujo. La devoción más limpia adquiere siempre una escueta calidad deportiva.

No me mueve, mi Dios, para quererte el cielo que me tienes prometido...

Querer a Dios porque sí. Darle hospitalidad sin transformar el alma en una fonda, que pasaría a Dios la cuenta de servicios y atenciones...

No me tienes que dar porque te quiera...

Aquel soneto quizás lo escribió san Francisco Javier. Pero hay poetas en la ciudad, nazarenos en rima por las calles, que viven sus endecasílabos.

Y Jesús aquí -porque Dios anda por el mundo caballista de corazones sevillanos- buscando sus doce apóstoles por los patios y los corrales de Sevilla.

# Primera y segunda parte de la saeta

-Primeramente, la «saeta» es un desahogo: un largo suspiro de satisfacción que desinfla la tensión interior de la multitud, que tiene siempre una «saeta» virtual en la punta de la lengua.

Imaginad que el roce de tantas emociones va creando en la muchedumbre una carga de entusiasmos eléctricos. Como la prisa del aire alto cumple de voltios las nubes eminentes y las hincha de tempestad, así la caricia de la Semana Santa crea en la gente de Sevilla un caudal y un brío de sentimientos en un potencial a punto de centella. Y no bastan a descargar la masa las puntas de los capiruchos nazarenos, pararrayos de esa tensión colmada.

Sólo cuando por dentro comprime el silencio un tumulto de palabras inefables, surge como una lenta exhalación, en una deflagración dulcísima, como una abierta espita lumi nosa, la «saeta».

Y el ansia de la muchedumbre acude en tropel a la salida. Cuando surte y suena la «saeta», algo se nos va, se nos sale afuera.

Todos cantan la «saeta» en un tácito coro. Sevilla entera sintonizada a la copla.

Cuando se levanta la «saeta», toda la noche se enciende con surtidor tan claro. Porque ha de ser de noche y en silencio. Ved, oíd cómo se alza la espiral.

El trazo lírico remata en un punto inaccesible: donde el otro polo de la muchedumbre desdoblada. Que ya no está aquí. Se ha ido, entera y verdadera, desde la plaza, donde cantan, hasta el lugar geométrico en que campean los vértices de todas las «saetas» del mundo.

Y los aplausos que suenan cuando la «saeta» llegó, no son sino los vítores de la meta. Porque el agilísimo corcel terminó su carrera triunfante.

Y mientras esos ¡oles! y esa ovación tañen arriba y descienden luego en fina lluvia, hay otro rumor de bienestar, porque se resolvió tan gallardamente el agobio de una presión sin salida. Que el murmullo tras la «saeta», más que un comentario de loas al cantar, es por el bullir de los antes inmóviles y comprimidos: por el ajetreo satisfecho de la multitud que se ha quitado una angustia, un peso, una carga eléctrica, una «saeta» de encima.

# Conjunción del sentimiento y el paisaje

La ciudad tiene lugares y ocasiones. El buen saboreador de Sevilla conoce bien sobre qué confluencias florecen las mara villas y cuando es la sazón y madurez de lo magnífico. Sabe con qué luna rebrotan ciertas calles recoletas y cuándo el olor del azahar es un vino como otro cualquiera y en qué madrugadas la Giralda es no sólo la mejor torre, sino la mejor mujer del horizonte.

La ciudad es en cierto modo un sistema de conjunciones. En la Semana Santa, por ejemplo, se da siempre entre el alma y el tiempo y el espacio, entre la hora, el sentimiento y la arquitectura, una organización de ecuaciones que únicamente para determinadas circunstancias toman valor concreto y solución exacta.

Hay esquinas que son el mejor párpado de la sorpresa y plazuelas donde no es posible ir «saetas» mal entonadas. Existen horas en la noche para que gorjeen canarios de oro fino en la selva de molduras de los pasos, y luces frías, humedecidas por el río de la tarde, que alumbran sólo para esmerilar la agonía que vidría los ojos del Cachorro. Hay una geografía de la Semana Santa y es necesario un reloj que marque el momento astronómico en que la cal y las ventanas deberán ser complementos plásticos para la opulencia de las procesiones en la calle.

La Semana Santa es principalmente espuma de concordancias. Los elementos simples navegan sujetos siempre y orientados a la conjunción que los acople. La voz del «capataz» deberá sonar de una manera especial en esta plaza. El anochecer tendrá unas luces determinadas y habrá un balcón que será greca provisional en la arquitectura total que levantan el aire, la hora, el gentío, la casa del fondo, el «paso», el color de las túnicas y el cielo, el redoble de los tambores, la luz de los cirios y la frase esa que se tiene que oír forzosamente para que se compongan, abrochen y reaccionen esos materiales en un solo edificio de milagro.

Y lo que falte lo suplirá el espíritu. Llamas violentas volvieron una vez pavesa de recuerdos la Virgen de la Hiniesta. Pero todavía hay unas calles y unas horas que le pertenecen. Y todos los años hay que estar allí y en el minuto exacto cerrar los ojos para verla pasar recompuesta por las potencias del alma.

Sobre la calle y el instante la Virgen de la Hiniesta aquí otra vez. Por memoria, entendimiento y voluntad. Y luego echarle olvido a ese rencor sin norte que da portazos por la calle solitaria. Salía de San Julián a las siete de la tarde.

# Nocturno y sismología del Viernes Santo

La ciudad: cincuenta y siete calles encendidas, torrenteras de las parroquias a los altos hornos de la Catedral. La noche del parasceve vacía su mineral derretido, su fundición de nazarenos, «pasos» y luminaria en el molde predispuesto de las cincuenta y siete calles. Al lado, ¡cómo late la escoria caliente, la muchedumbre sin cirios ni capirotes, innominada y tremenda, por las aceras y en las bocaminas! Hay estas canalizaciones para que la luz corra y se divierta; pero también oscuros flujos de gente apresurada: baja marea de una multitud desvelada que da bandazos entre la sombra anónima de todo lo que, por deslumbramiento y contraluz, se ha derrumbado en la ciudad. Arropada por la noche, la ciudad es sólo esta hidrografía ardiente de las Cofradías en marcha. Desde lejos, por las galerías soterradas, el afán enciende los clarines y crepita en candelas presentidas el tumulto de los tambores. ¡Luz y luz!... Cuanto escucha el oído se reforma en complejos visuales.

Porque hay un ansia que pierde las sensaciones por las veredas del sistema nervioso.

Del jueves al Viernes Santo la noche es vaivén y afán interminables; y antes que amanezca, contra el níquel donde comienza el alba, las últimas estrellas son espinas de una gran zarza oscura clavadas en la carne.

Y menos mal que la noche tiene viáticos y claraboyas, remansos de buñuelos y aguardiente, ensenadas de pescado y vino donde se repone el ánimo para seguir este debate de barrio y procesión.

La madrugada se presiente como un oxígeno nuevo, como un génesis que inventara otra vez el resto de la ciudad desvanecida y diera ritmo al pulso desacordado.

La Catedral templa entonces el luminar de sus grandes calderas, y cuando la aurora restablece el equilibrio de las luces y coloca los corazones en su lugar de siempre, el día asoma por las altas vidrieras de la iglesia en una alegría de santos transparentes.

Afuera del templo una sola mano milagrosa exprime el oro de las tabernas y los naranjales de la madrugada. Y se engalla en el horizonte una Cofradía de torres altas.
Entonces... todavía la gente se reconoce, con la ciudad, salvada del derrumbamiento. Y los últimos supervivientes irán a ver entrar la Macarena.

# Crónica de la flor quemada

Cuando el «paso» penetra ya en su iglesia, los saeteros ver- gon zantes, que toda la noche cantaron, en confianza, para los amigos, por lo oscuro de las calles, quieren alzar ahora todos juntos sus «saetas», que le pugnan, de pronto, entre el corazón y la garganta.

Por eso salen de entre la muchedumbre rumorosa, espan tadas por la prisa, tantas alondras de vidrio. Una y otra y otra más, que atraviesan el clamor en brotes artesianos.

Junto a ese vuelo, mientras va entrando el «paso», ¿por qué el himno nacional recuerda más que nunca las montañas de Galicia?

No se ha sabido jamás. Ni tampoco si acaso hicieron exce sivo el «paso» o insuficiente la puerta para buscarse, de pro- pó- sito, en las dificultades de esta entrada, tan angosta, la victoria final de la Cofradía...
Porque de nada serviría la ostentación triunfadora y magní fica de la imágenes, entre los aplausos y temblores de la ciu-

dad, si a esta entrada se tiñe siquiera el oro de un florón con las cales recientes del quicio...

El «paso» es una obra de arte. El Cristo lo talló Cristóbal de Mesa o Alonso Cano; la Virgen, Martínez Montañés o la Roldana... Los mantos, los palios son primores de un arte delicado y paciente; ¡cómo bordan las mocitas de Sevilla! Pero ¿Y los costaleros? ¿no están bordando esta entrada? Señores, también hay el arte de los costaleros. Mas he aquí que ya ha entrado el «paso». Sin un roce.

Los aplausos y los vítores, las ovaciones y las palmas, desbaratan el himno de Riego e irrumpen, de repente, en el carrizal de plata alzado por las cornetas a orilla de estos ríos iluminados, que manan de la Catedral.

Ya dentro de la iglesia cualquier cofrade ha subido sobre la canastilla del «paso» y ha cogido un clavel encarnado. Después, con él, una a una, apaga las velas de la candelaria. Luego se desabrocha el hábito y se guarda en el seno, como un corazón de repuesto, la flor chamuscada y caliente... Antes de bajar de la canastilla, cuando cruza junta a los judíos del «paso», se mide con ellos, disimuladamente.

El sábado de Gloria, ese clavel colorado llameará al sol sobre la tumba del maestro Rafael.

Un tiempo sonaba su clarín, que clavaba rejones de maravilla en las mismas agujas de la noche. Ahora ya, arcángel de artillería, mira la Semana Santa desde todo lo alto de la muerte.

# El tercero creer que es Hijo

Muy importante es sentirse hijos de Dios... ¡tener un padre así, de este tamaño! ¡un padre infinitamente bueno, sabio y poderoso, principio y fin de todas las cosas!

Pero aquí por el sur la gente es muy especial. No se conforma. Y cuenta que sabe cómo este padre rige la brújula de nuestros pasos, sustituye nuestra voluntad y dispone la cartografía de nuestro destino en sus menores detalles e incidencias. ¿No lo decían los moros? ¡lnsahl-lah!... ¡Dios lo ha querido!

Se puede uno volver fatalista y, desde luego, cómodo. El bien y el mal, la suerte y la desgracia, tienen también su verdadero libro del programa y su itinerario oficial.

Pues ni aún con eso. La gente no se conforma. Muy interesante y hasta muy confortable será sentirse hijos de Dios y herederos de su Gloria. Pero hay algo de más importancia:

sentirse padres de Él y fautores de su espléndida presencia. La verdad es que el mundo responde a otra 1ógica y a otros mecanismos y que las cosas se transmutan y complican en la Semana Santa. Por ejemplo: los dioses de estos días los han hecho los sevillanos a propósito.

Si queréis, podemos ponernos de acuerdo sobre cierto catolicismo como tesis de esta nueva Creación. La ciudad hizo a Dios a su imagen y semejanza. La Trinidad sería ésta: Madre, Hijo y espíritu sevillano. Con todo, Sevilla buscó viejos argumentos bíblicos en que apoyar con más fuerza ese su cariño alto, tan limpio de corazón. Desde tan lejos en las ideas y en el tiempo, se sabe cuán desgraciado fue este Hijo. Padeció persecución por la Justicia y ahora un pueblo, entre el zumo de su pena, le reconstruye y le rehabilita. Y en él su drama antiguo de cadenas y horizontes.

Sobre todo, eso redorado y victorioso se caldea en lumbres nuevas el rescoldo añejo. ¡Gloria a este Dios por nuestro y porque fue desgraciado!

La pena cuajada en las imágenes sólo sirve para dar fondo y contraluz a esa alegría de triunfo de la Semana Santa.

Tiene mucha importancia ser hijos de Dios... pero mejor ser sus padres. Porque ved que un día entre los días, como en la cumbre del monte sagrado, le dijeron a la ciudad:
-Mujer, he ahí tu hijo.

Y era un lirio con siete pétalos a orillas del Guadalquivir.

# Sobre el autor

# Núñez de Herrera, el periodista que "bautizó" a la Generación del 27.

Antonio Núñez de Herrera, miembro de la Generación del 27, es de esos periodistas que reúne la doble condición de "raro" y "olvidado", aunque fue el primero en emplear la expresión "la poesía de 1927" para referirse a la famosa Generación del 27.

Nacido en Campanario (Badajoz) en 1900, Núñez de Herrera falleció prematuramente a los 35 años en 1935 de una neumonía en Monte Gordo Portugal, donde se encontraba de vacaciones, un año antes del inicio de la Guerra Civil.

Funcionario del «cuerpo de Telégrafos», con tempranas aficiones literarias y periodísticas (Gaceta Literaria, Mediodía...). Debido a la Expo de 1929, comenzó una intensa labor periodística (El Noticiero Sevillano, La Libertad). En la II República, se integró en la política municipal sevillana y dirigió dos proyectos de prensa fallidos: el semanario Crítica y El Pueblo. Diario Republicano de Andalucía.

Miembro de la sevillana revista "Mediodía", Núñez de Herrera publicó una "antología de la poesía moderna", que incluye a Gerardo Diego, García Lorca, Rafael Alberti, Pedro Salinas, Dámaso Alonso, Alejandro Collantes de Terán, José Moreno Villa, Rogelio Buendía, Rafael Laffón, Ramón de Basterra, Mauricio Bacarisse, Pedro Garfias y Joaquín Romero Murube.

Casi toda su obra, salvo su libro "Teoría y realidad de la Semana Santa", dedicado a la de Sevilla, se publicó en periódicos y revistas.

Este libro se publicó en 1934 con una visión inaudita de la fiesta religiosa escrita por un republicano y que se lee hoy con la misma sorpresa que entonces.

Desde el punto de vista histórico, es probablemente el primer libro en el que se hace una «interpretación» de la Semana Santa como fenómeno no tanto religioso como sociológico.

Para Antonio Núñez de Herrera, la Semana Santa sevillana está fuera del tiempo y es, a la vez, pura existencia.

Hablar de la Semana Santa es para nuestro autor hablar de Sevilla, una ciudad sustraída también a lo temporal, de tan abstraída que está en su propio vivir.

Antonio Núñez de Herrera, interpretando la Semana Santa interpreta a Sevilla, siguiendo la estela de lo iniciado por Manuel Chaves Nogales y José María Izquierdo.

A la edad de 13 años comenzó a trabajar como repartidor en Correos en Badajoz, y se mudó a Sevilla con su familia antes de 1916, donde decidió preparar unas oposiciones a la Escala Técnica de Telégrafos. Tal fue así, que en el año 1932 ya era jefe de negociado de tercera clase.

Desde muy joven tuvo inquietudes literarias, por lo que se incorporó a los jóvenes de la revista 'Mediodía'. Sus colaboraciones en 'El Noticiero Sevillano' y 'La Libertad' de Madrid le dieron fama de columnista. Republicano convencido, intentó, aunque sin éxito, crear un tipo de prensa seguidora del sistema.

En 1932 fue nombrado secretario del Centro de Estudios Andaluces, y ese mismo año se embarcó en el proyecto de creación de la Hemeroteca municipal, que fue instalada en los Reales alcázares de Sevilla.

Su obra cumbre fue 'Teoría y realidad de la Semana Santa'. Un libro publicado por ediciones Mediodía en 1934, con ilustraciones del pintor y cartelista Ramón Monsalve. Una obra fundamental para conocer esta fiesta tan compleja y aparentemente tan sencilla.

Falleció en Monte gordo, Portugal, en 1935, debido a una neumonía fulminante y, tras ello, un 'velo de silencio' pareció cubrir su persona y su obra. Fue enterrado en San Antonio de Portugal donde continua su tumba.

# Índice

**Ilustraciones de la contraportada Juan Luis que obraran en poder de Antonio Núñez de Herrera y que probablemente se realizaron para ilustrar la portada y contraportada de su libro.**

**Los dibujos que no fueron publicados en su época representan la Estrella por el puente de Triana corriendo y los nazarenos en bicicletas ante un republicano que se ve en el dibujo con pistola y que disparó dos tiros a la que desde entonces se conoce como La Valiente.**

Printed in Dunstable, United Kingdom

87885789R00057